Bibliografische Information der Deutschen Nationalbibliothek
Die Deutsche Nationalbibliothek verzeichnet diese Publikation
in der Deutschen Nationalbibliografie;
detaillierte bibliografische Daten sind im Internet
über http://dnb.d-nb.de abrufbar.

© Duden 2012   D C B A
Bibliographisches Institut GmbH
Dudenstraße 6, 68167 Mannheim
Redaktionelle Leitung: Annette Güthner
Lektorat: Sophia Marzolff
Fachberatung: Ulrike Holzwarth-Raether
Herstellung: Claudia Rönsch
Layout und Satz: Michelle Vollmer, Mainz
Illustration Lesedetektive: Barbara Scholz
Umschlaggestaltung: Mischa Acker
Druck und Bindung: Print Consult GmbH
Oettingenstraße 23, 80538 München
Printed in Czech Republic
ISBN 978-3-411-80931-8

Lesedetektive

Pferdegeschichten

Beate Dölling

mit Bildern von Eleonore Gerhaher

Dudenverlag

Mannheim · Zürich

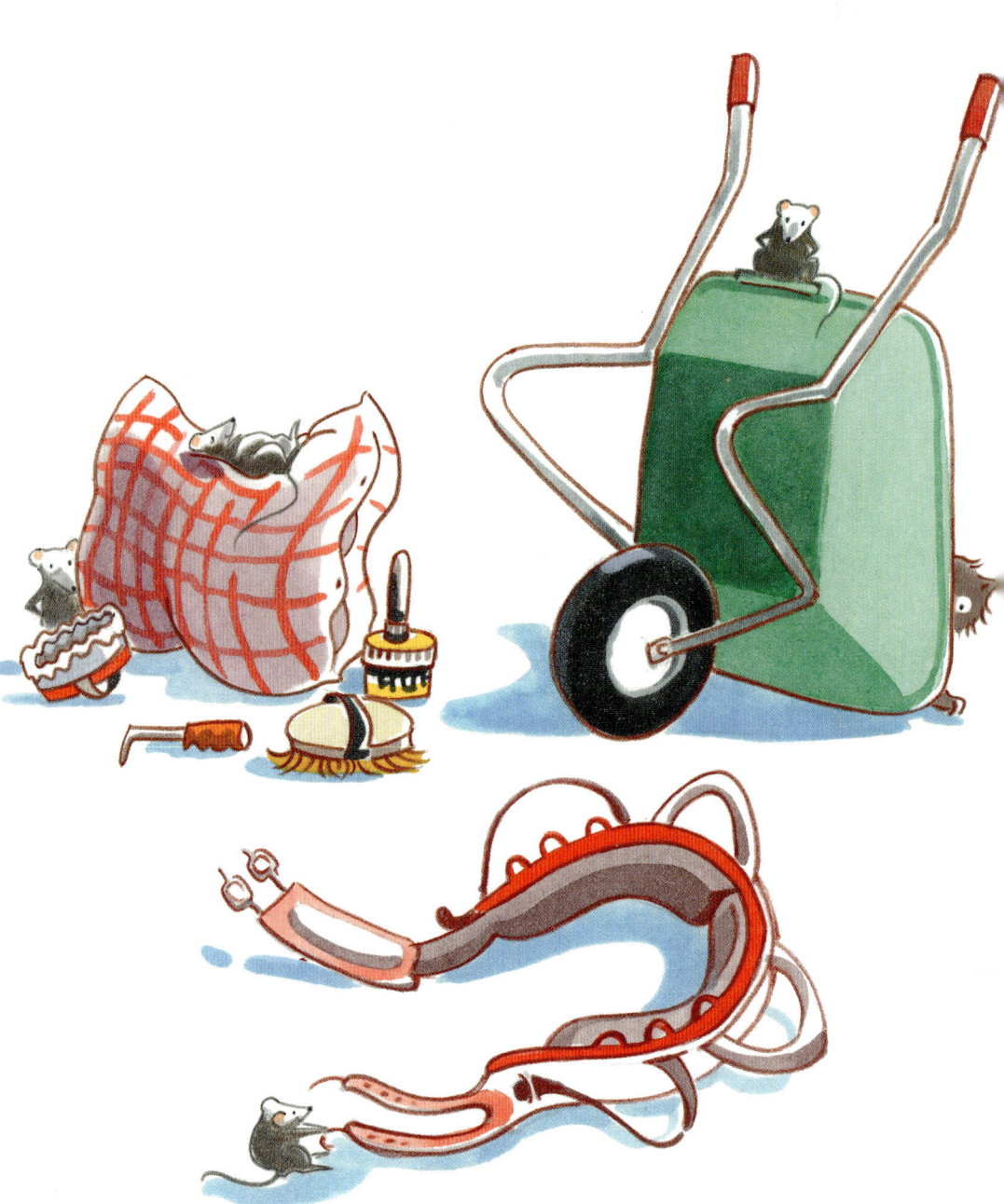

Inhalt

Zwei auf einem Pferd

Lillis Lieblingspony
heißt Moppel.
Moppel ist ein Fuchs.
Das ist ein rotbraunes Pferd.

**1. Fall: Lillis Lieblings-
pony ist ein Fuchs. Was
kann ein Fuchs noch sein?**

ein
Waldtier

Sarahs Lieblingspony
heißt auch Moppel!
Sie findet ihn soo süß.

 ein
Haustier

 ein
Nutztier

Dienstags haben
Lilli und Sarah Reitstunde.
Beide wollen Moppel reiten!
Sie schubsen sich sogar.

6

Die Reitlehrerin Tina
gibt Lilli heute
den Schimmel Lollipop
und Sarah den braunen Wim.

Aber beide gucken immer rüber
zu Klara,
die heute auf Moppel sitzt.
Klara ist es peinlich.

Nach der Reitstunde gibt Tina

Lilli einen Besen

und Sarah den Futtereimer.

Lilli soll den Stallgang fegen
und Sarah den Hafer holen.
Moppel putzen
dürfen sie zu zweit.

10

Und warum hat ein Pferd
wohl vier Hufe?
Damit Lilli und Sarah
je zwei auskratzen können.

Natürlich nicht auf einmal!
Lilli ist ganz zufrieden
mit einem halben Moppel.
Sarah eigentlich auch.

**2. Fall: Wozu braucht
man eine Trense?**

▽ zum
Füttern
des Pferds

Am nächsten Dienstag
helfen sie sich sogar.
Zusammen legen sie
die Trense an.

 zum
Kitzeln
des Pferds

 zum
Lenken
des Pferds

Dann legen sie die Satteldecke
auf Moppels Rücken.
Heute brauchen sie
keinen Sattel, sagt Tina.

Gespannt führen

Lilli und Sarah

Moppel auf den Reitplatz.

Und was nun?

„Aufsteigen, beide!",
ruft Tina.
Lilli und Sarah
schauen sich verwundert an.

16

Lilli sitzt vorne,

Sarah hinter ihr.

Beide müssen kichern.

Das macht riesig Spaß!

Ein Kissen für Mama

Paula und Ole lieben Pferde.

Sie spielen jeden Tag Pferd.

Sie galoppieren herum

und springen über Hindernisse.

Hinter Omas Haus gibt es
eine Weide mit Ponys.
Ole und Paula möchten
so gerne mal dort reiten.

„Wir fragen Herrn Hotte",
sagt Oma.
„Der freut sich über Besuch."
Sie gehen mit Mama dorthin.

20

Herr Hotte findet es gut,
wenn sich die Ponys bewegen.
Sonst fressen sie nur
und werden dick.

Herr Hotte holt
zwei Ponys von der Weide.
Das eine heißt Bubi,
das andere heißt Fips.

3. Fall: Was stimmt?
Fips ist ...

 bunt
gefleckt.

Bubi ist ein Schimmel.

Er hat eine lange Mähne.

Fips ist ein kleines Pony

und ist bunt gescheckt.

 bunt
gescheckt.

 bunt
verdreckt.

Die Ponys werden angebunden
und geputzt.
Herr Hotte zeigt den Kindern,
wie man die Hufe säubert.

24

Paula und Ole können
noch nicht reiten.
Deshalb bekommen die Ponys
keinen Sattel.

Eine Satteldecke genügt.

Herr Hotte hilft

Ole und Paula

beim Aufsteigen.

26

Paula und Ole halten sich
an der Mähne fest.
Die Beine schmiegt man
fest an den Pferdebauch.

Mama und Oma führen
die Ponys am Strick.
Mama nimmt Bubi
und Oma Fips.

4. Fall:
Wer nimmt wen?

 Bubi
nimmt Mama.

Die runden, kleinen Ponys
fühlen sich weich an.
Und die Hufe
klappern so schön.

 ☐ Oma
nimmt Bubi.

 ☐ Mama
nimmt Bubi.

Kaum sind sie vom Hof,
beißt Bubi Mama
frech in den Hintern.
„Aua!"

Paula kichert.
Und Ole rutscht
vor lauter Lachen
von Fips herunter!

Bis Ole wieder oben ist,
fressen die Ponys Gras.
Dann wollen sie nicht weiter.
Oma schiebt Fips an.

Reiten macht Spaß,
finden Paula und Ole.
Aber Mama wird
schon wieder gebissen.

Oma sagt, Mama soll
den Strick ganz kurz fassen.
Aber Bubi will nicht
am kurzen Strick gehen.

Er reißt sich los
und beißt Mama
schon wieder in den Hintern!
„Aua!"

Mama hat keine Lust mehr.

Sie will mit Oma tauschen,

aber Oma will nicht.

Sie gehen zurück zum Hof.

Morgen dürfen sie schon

wiederkommen.

Mama reibt sich den Popo.

Zu Hause hat Paula eine Idee!
Sie steckt Mama ein Kissen
in die Hose,
damit sie gut gepolstert ist.

38

Und es hilft!

Bubi kann so viel beißen,

wie er will.

Mama merkt es nicht einmal.

Alle lachen sich kaputt.
Jetzt hat Mama
fast so einen dicken Hintern
wie Bubi!

40

Gut gemacht, Max!

Endlich ist es halb drei!

Elise zieht sich um.

Schulsachen aus,

Reitsachen an.

Ihre große Schwester Lea

bringt Elise heute

zum Reitstall.

Lea findet Pferde doof.

„Die sind so dreckig!",
sagt Lea.
Aber den Stallburschen Tim,
den findet Lea süß.

Elise findet nur Max süß.

Max ist ein Haflingerpony.

Elise nimmt heute

Möhren für ihn mit.

5. Fall:
Wer findet wen süß?

 Lea Tim

Max steht im Hof.
Als er Elise sieht,
trabt er auf sie zu.

 Max Elise

 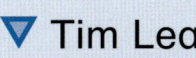 Tim Lea

Plötzlich schnaubt Max laut,
genau in Leas Richtung.
Huch?
Auf ihrem Hemd ist Pferderotz!

„Igitt!"
Lea stolpert rückwärts
und fällt geradewegs
in eine Schubkarre voller Mist.

Ach du Schreck!

Jetzt ist Lea nicht nur vorne,

sondern auch hinten schmutzig.

48

Elise

starrt ihre Schwester an.

Bestimmt ist Lea

nun richtig sauer.

Ausgerechnet jetzt kommt
der schöne Tim um die Ecke.
Und was passiert?
Lea lacht laut los.

Tim lacht ebenfalls.

Er sagt zu Lea:

„Na, das ist ja

eine nette Ladung!"

Er nimmt die Schubkarre
und fährt mit ihr davon.
Elise und Max
schauen hinter ihnen her.

Max wackelt mit den Ohren.

Elise streichelt ihn

und gibt ihm eine Möhre.

Sie sagt:

„Ich glaube, du hast genau
im richtigen Moment geniest.
Übrigens: Gesundheit!"

54

Hände weg!

Montags geht Marie
zum Voltigieren.
So nennt man
das Turnen auf Pferden.

Die Lehrerin heißt Ute.

Das Pferd heißt Igor.

Igor ist groß und stark

und hat einen breiten Rücken.

6. Fall: Wie heißt das Turnen auf Pferden?

voltegieren

Die Kinder
stehen in einer Reihe.
Sie haben weiche Schuhe an
und enge Trainingshosen.

 voltischieren

 voltigieren

Ute hält Igor
an einer langen Leine.
Igor läuft immer im Kreis.

Marie kann schon fast allein
aufs Pferd springen.
Na ja, ein bisschen helfen
muss man ihr noch.

Dann zieht sich Marie
an dem Griff hoch.
Geschafft!

Jetzt die Beine
an den Pferdebauch schmiegen,
den Rücken schön gerade machen
und die Brust rausstrecken.

Marie soll
den linken Arm kreisen,
dann den rechten Arm.
Und jetzt beide.

Auf dem Pferd sitzen
ohne Festhalten
fühlt sich gut an!
Anfänger können das nicht.

Dann soll Marie
eine „Fahne" machen.
Natürlich weiß Marie,
was Ute damit meint!

Zuerst muss sie sich hinknien,
bis sie nicht mehr wackelt.
Dann streckt Marie
einen Arm nach vorn.

Nun muss sie auch noch
ein Bein nach hinten strecken.
Schön gerade natürlich.
Ganz schön schwer!

Die nächste Übung ist im Trab.
Marie soll sich umdrehen
und rückwärts reiten.
Das ist vielleicht komisch!

Das nächste Kind ist dran.

Marie rutscht über

den Pferdehintern nach unten

und stellt sich wieder an.

Jetzt muss sie warten,
bis sie wieder dran ist.
Aber Zugucken
macht auch Spaß!

Nun muss Marie auf das
trabende Pferd aufspringen.
Hoppla! Fast wäre sie auf der
anderen Seite runtergerutscht!

Marie geht in die Hocke.

Dann setzt sie sich wieder.

Sie kann es kaum erwarten,

zu galoppieren.

Endlich ist es so weit.

Fest die Knie an Igors Bauch!

Ute schnalzt mit der Zunge.

Igor galoppiert.

Ganz schön schnell!

Maries Haare und Igors Mähne

flattern im Wind.

Jetzt soll Marie einen Arm
seitlich ausstrecken.
Das ist ja babyleicht!

Nun soll sie auch noch
den zweiten Arm ausstrecken.
Huch, hat sie richtig gehört?
Einfach loslassen?

Ute nickt und ruft:

„Hände weg! Trau dich!"

Igor läuft und läuft.

Marie zögert noch.

Hilfe!

Sie galoppiert freihändig!

Und es ist gar nicht schwer!

Fast wie Fliegen.

Leider ist es
jetzt schon vorbei.
Igor fällt in den Trab zurück,
dann in den Schritt.

Marie springt ab
und rennt
zu den anderen Kindern.
„Uff", sagt sie und strahlt.

Was sagst du dazu?

**Möchtest du dir selbst eine Pferde-
geschichte ausdenken?**

Schreibe deine Geschichte auf und schicke sie uns!
Als Dankeschön verlosen wir unter den
Einsendern zweimal jährlich tolle Buchpreise
aus unserem aktuellen Programm!
Eine Auswahl der Einsendungen veröffentlichen wir
außerdem unter www.lesedetektive.de.

Bibliographisches Institut GmbH
Duden – Kinder- und
Jugendbuchredaktion
Kennwort: **Pferdegeschichten**
Postfach 10 03 11
68003 Mannheim

E-Mail: lesedetektive@duden.de

Lesedetektive von Duden: Leseförderung mit System

Erstlesebücher

1. bis 4. Klasse. Jeweils 32 oder 48 Seiten. Gebunden.

- Spannende und originell illustrierte Geschichten
- Abgestuft in Textmenge, Schriftgröße und Schwierigkeitsgrad
- Der Lesedetektiv fördert mit Fragen gezielt das Textverständnis
- Mit Detektivwerkzeug zur Entschlüsselung der Antworten

Lesedetektive. Mal mit!

1. und 2. Klasse. Jeweils 64 Seiten. Broschur.

- Neuartige Kombination aus Erstlese- und Malbuch für kreative Leseförderung
- Das Kind vervollständigt die Illustrationen selbst anhand des Textes
- Der Lesedetektiv hilft durch gezielte Aufgaben, die zeichnerisch gelöst werden

Lesedetektive gibt es auch als Übungsbücher mit vielen Leserätseln!

Weitere Informationen zu allen Titeln auf www.lesedetektive.de

Gefunden!
Knote den Streifen einfach
an das Lesebändchen an
und fertig ist dein Lösungsschlüssel
für die Detektivfälle!
Nur bei der richtigen Antwort
passt das abgedruckte Symbol genau
in das entsprechende Schlüsselloch.